L'ARTICLE

TROIS CENT ONZE

DU

CODE D'INSTRUCTION CRIMINELLE

———

LE SERMENT DE RENTRÉE

PAR

C. JAMBOIS

AVOCAT A LA COUR DE NANCY
MEMBRE DE LA SOCIÉTÉ DE LÉGISLATION COMPARÉE.

*Dans un temps de lumière on tremble
encore lorsqu'on fait les plus grands
biens.*

(MONTESQUIEU, *Espr. des lois,*
Préf.)

—◦◦✦◦◦—

PARIS

BERGER-LEVRAULT ET Cⁱᵉ   L. LAROSE, ÉDITEUR
5, rue des Beaux-Arts   22, rue Soufflot

1880

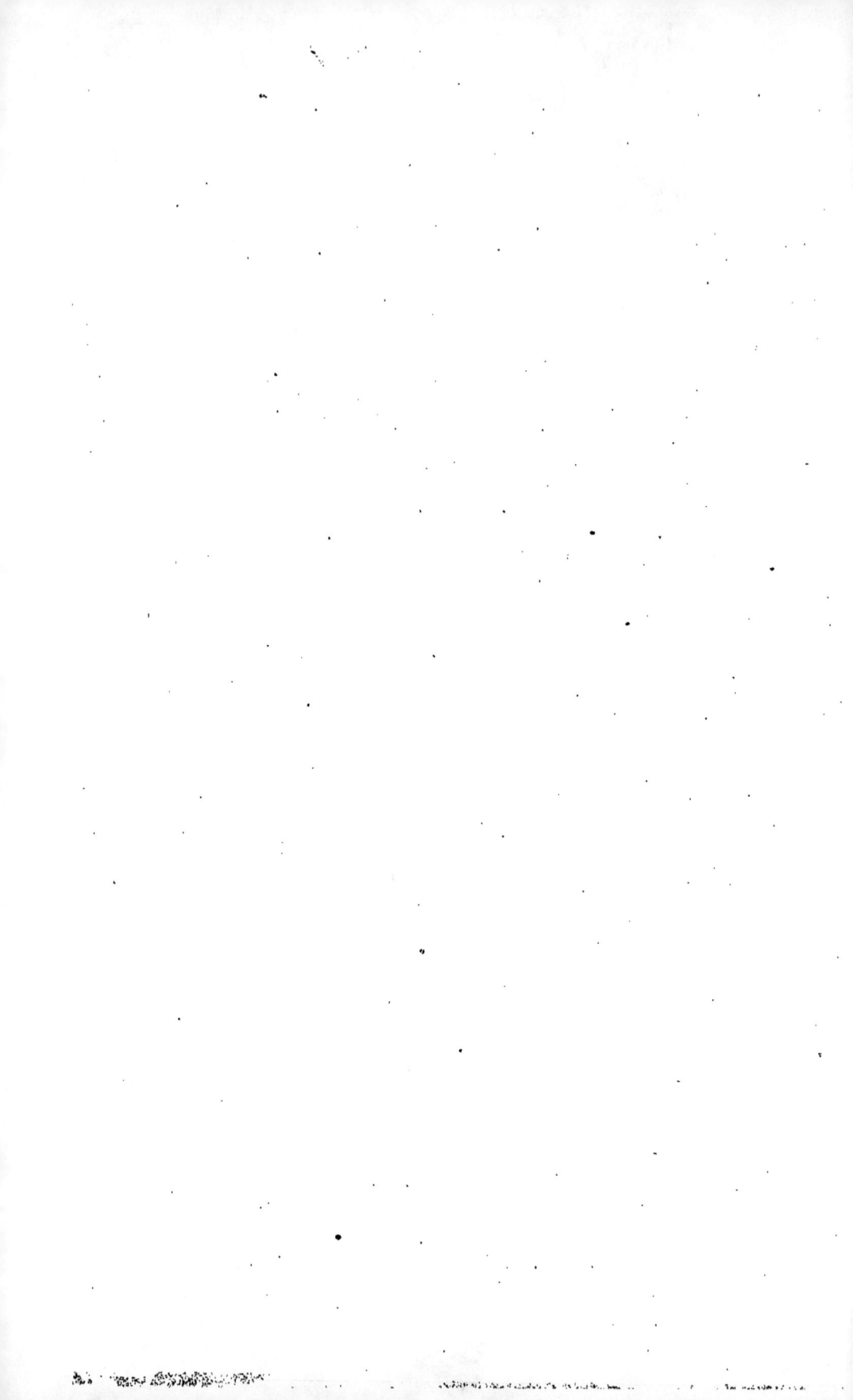

L'ARTICLE

TROIS CENT ONZE

DU

CODE D'INSTRUCTION CRIMINELLE

LE SERMENT DE RENTRÉE

NANCY, IMPRIMERIE BERGER-LEVRAULT ET Cie

L'ARTICLE

TROIS CENT ONZE

DU

CODE D'INSTRUCTION CRIMINELLE

———

LE SERMENT DE RENTRÉE

PAR

C. JAMBOIS

AVOCAT A LA COUR DE NANCY
MEMBRE DE LA SOCIÉTÉ DE LÉGISLATION COMPARÉE.

> *Dans un temps de lumière on tremble*
> *encore lorsqu'on fait les plus grands*
> *biens.*
>
> (MONTESQUIEU, *Espr. des lois*,
> *Préf.*)

———o⋅❁⋅o⋅o———

PARIS

BERGER-LEVRAULT ET Cie		L. LAROSE, ÉDITEUR
rue des Beaux-Arts, 5		rue Soufflot, 22

1880

PRÉFACE

———

Tandis que s'élabore l'œuvre humanitaire de la réforme de notre Code d'instruction criminelle, il peut sembler utile d'étudier certains points de détail que leur importance relative n'a pas immédiatement placés dans le cadre des projets à réaliser.

Ainsi nous avons, dans une brochure précédente, recherché les améliorations dont serait susceptible le système actuel des copies de pièces dans les procès d'assises.

Il ne nous paraît pas moins opportun d'examiner aujourd'hui un texte singulièrement intéressant de nos règlements judiciaires : l'article 311 du Code d'instruction criminelle.

Nous avons voulu joindre à ce travail quelques observations, qui formeront la matière d'un second paragraphe, sur le renouvellement du serment professionnel par les membres de l'ordre des avocats présents à l'audience de rentrée des Cours.

Qu'il nous soit donc permis de consacrer quelques pages à chacun de ces deux sujets : la liberté de la défense est intéressée au premier; dans le second nous verrons la dignité du barreau en quelque sorte engagée. De telles raisons ne peuvent manquer d'appeler l'attention des légistes.

L'ARTICLE

TROIS CENT ONZE

DU

CODE D'INSTRUCTION CRIMINELLE

——

I

ARTICLE 311

DU CODE D'INSTRUCTION CRIMINELLE

> *L'avertissement prescrit par l'article 311 est tout à la fois le reflet d'un usage suranné et une mesure surabondante. Il serait même blessant si on le considérait comme assez sérieux pour le prendre au pied de la lettre ; mais on n'y voit plus aujourd'hui qu'une réminiscence sans utilité, qu'une formalité sans application actuelle....*
>
> *Une semblable mesure, même réduite à ses proportions actuelles, me semble un anachronisme....*
>
> (Nouguier, *Cour d'ass.*, nos 1525 et 1526.)

S'il est un ministère digne des plus grands égards, digne du respect de tous, aussi bien de la loi qui l'impose que de la société pour laquelle il est institué, c'est assurément celui

de défenseur des accusés. Pour notre part,
nous ne voyons rien dans l'organisation judiciaire de plus solennel et de plus émouvant,
de plus grave et de plus utile que ce spectacle
d'un homme appelé par la loi aux pieds de
la justice pour en défendre un autre. Il n'est
pas un de nous qui, à cette glorieuse place,
n'ait vingt fois apporté avec son âme et son
cœur, toutes les ressources de son intelligence
et ses plus généreux efforts!

C'est qu'il s'agit, dans ces grands débats,
des plus redoutables problèmes de la conscience
humaine et des plus imposantes décisions que
puisse prendre une assemblée. Sans parler des
peines si dures et si longues, quelques-unes
même perpétuelles, auxquelles peuvent être
condamnés les malheureux traduits devant le
jury, une tête n'est-elle pas souvent en jeu
dans ces luttes judiciaires? Oui, la mort appa-
raît parfois au bout d'une de ces audiences où
la vie d'un accusé dépend d'une forme de rai-
sonnement, d'un mot du défenseur; et c'est
dès lors ce défenseur qui, plus que le juge
peut-être, porte la responsabilité morale des

arrêts. Il faut avoir passé par de pareilles
épreuves pour connaître les poignantes inquié-
tudes dont le cœur de l'avocat est rempli.
Nous nous trompons beaucoup, ou, comme
nous, nos confrères n'ont pas dormi complètes
les nuits qui précèdent et suivent ces grandes
émotions !

Eh bien, c'est l'homme chargé de ce rude
labeur, c'est l'homme à qui seraient dus
tous les ménagements commandés par un pa-
reil rôle, tous les encouragements, tous les
témoignages de respect et de dignité, c'est le
citoyen revêtu de ces hautes fonctions, c'est
celui-là dont la loi paraît se défier tout d'abord
et à qui elle fait entendre cette recommandation, prescrite par l'article 311 du Code d'instruction criminelle :

« Vous êtes averti que vous ne pouvez rien
dire contre votre conscience ou contre le respect dû aux lois et que vous devez vous exprimer avec décence et modération ! »

Eh quoi ! nous n'avons pas encore ouvert la
bouche qu'on nous convie déjà, comme par
une précaution nécessaire, à la décence et à la

modération; et, comme si nous étions suspects
de mauvaise foi ou de révolte, on nous recom-
mande de ne rien dire contre notre conscience
ou contre les lois! Ne savons-nous donc pas
que c'est ainsi que nous devons nous conduire?
Ce devoir, élémentaire pour le dernier des
citoyens et le plus grossier des hommes, la loi
suppose-t-elle que nous l'ignorons ou que nous
sommes capables de l'oublier? Vraiment, le
serment que nous avons prêté en revêtant la
toge nous le rappellerait au besoin, et qu'est-
ce à dire? Sont-ce des verges que le président
des assises prépare à côté de lui, ou cette formule est-elle une banalité?

Convenons-en, elle est tout à la fois inutile, blessante pour l'avocat comme pour l'ordre auquel il appartient, et attentatoire à la
liberté de la défense.

Car, prenons-y bien garde, elle est inutile
si l'on ne nous soupçonne pas, inutile surtout
parce que la Cour pourrait toujours inter-
venir si nous manquions aux règles qu'elle
nous rappelle par anticipation; — nous soup-
çonne-t-on? à côté de l'accusé on met alors

un prévenu, l'avocat, et l'avertissement qu'il reçoit devient une blessante apostrophe, intéressant autant sa dignité que celle du barreau tout entier.

Sans doute, en songeant à la considération dont notre ordre est entouré, il est nécessaire d'admettre, nous le voulons bien, qu'il y a là seulement un fait de routine, une formule sans portée. « Le texte de l'article 311, dit M. Nouguier dans son remarquable traité sur la cour d'assises, est tout à la fois le reflet d'un usage suranné et une mesure surabondante. Il serait même blessant si on le considérait au pied de la lettre ; mais on n'y voit plus aujourd'hui qu'une réminiscence sans utilité, qu'une formalité sans application actuelle [1]. » On nous concédera sans peine que le caractère inutile et blessant de cette disposition légale suffit déjà pour en demander la suppression.

Il est une autre raison, et c'est la principale : nous avons dit que l'avertissement pres-

1. C. Nouguier, conseiller à la Cour de cassation, *Cour d'assises.*

crit par l'article 311 attentait à la liberté de
la défense.

N'est-il pas évident que, donné uniquement
à l'avocat, il crée entre lui et l'accusation une
inégalité choquante, et peut jeter au début de
l'affaire dans l'esprit de certains jurés une
défiance contre les paroles du défenseur?

Nous n'exagérons rien. Nous rendons compte
d'un sentiment naturel, et il est inutile de
déduire les conséquences d'une pareille im-
pression.

Assurément il est des coupables indignes de
toute commisération. Mais à côté d'eux, ne
l'oublions pas, se trouvent des innocents trai-
tés de la même façon. Ceux-là, le législateur
ne saurait trop les entourer de garanties, de
respect, de liberté et d'égalité dans les droits
de leur défense; c'est pour eux surtout que
nous protestons et que nous écrivons.

Comment! ils auront gémi préventivement
au fond des cachots pendant de longs mois;
ils comparaîtront devant leurs juges, libres,
dit la loi par euphémisme, mais entre quatre
gendarmes; ils devront subir de longs et dou-

loureux débats, suite d'une instruction plus douloureuse encore, et le calice ne sera point assez profond et assez amer ! Non-seulement toutes leurs déclarations seront vaines, mais du même coup, et pour commencer la lutte, le président des assises frappera de suspicion leur avocat et leur défense !

Est-ce là de la justice, et, nous le demandons avec calme, n'affaiblit-on pas d'avance avec de pareils procédés l'autorité et le langage de la plaidoirie ?

Mais nous vous entendons, routiniers et formalistes, les choses sont adoucies aujourd'hui : cette dure formule, la plupart des présidents ne la lisent plus, ils se bornent à rappeler aux défenseurs les dispositions de l'article 311, et le jury n'en peut plus être impressionné !

C'est alors un nouvel argument en notre faveur, car si vous n'osez plus vous servir des termes de la loi, c'est que la loi a fait son temps. La législation n'invente pas, dit un célèbre commentateur du Code d'instruction criminelle, elle suit le mouvement des mœurs et des idées. Suivons donc le mouvement sur

ce point ; hâtons-nous de supprimer cette formule que nous avons montrée inutile, blessante et attentatoire à la liberté de la défense.
Le débat, soyons-en bien sûrs, y gagnera en
grandeur et en équité ; au lieu de l'inégalité
créée par l'article 311, cette grande pensée,
qui doit dominer la discussion, pourra dès
lors rester entière : qu'il va s'agir entre le
ministère public et l'avocat d'un large et loyal
combat ; que chacun d'eux y prendra part, à
un titre différent, c'est vrai, mais avec une
égale considération et un même but : la re-
cherche de la vérité et l'accomplissement
d'une des œuvres sociales les plus élevées, la
distribution de la justice criminelle !

Comment donc cette étrange disposition de
l'article 311 a-t-elle trouvé place dans notre
Code nouveau ? Nous devons nous en étonner
moins encore que de l'y voir conservée. Au
demeurant elle n'était au début que la repro-
duction affaiblie d'un texte de la loi de 1791
et, après lui, d'un article du Code des délits et
des peines, dont on s'explique la nécessité. En
1790, date de la suppression de l'ordre des

avocats, la barre des assises était, en effet, accessible à tous, l'accusé pouvait choisir pour conseil telle personne que bon lui semblait ; et l'on comprend qu'il ait paru nécessaire, à cette époque, d'imposer aux défenseurs, étrangers pour la plupart aux habitudes judiciaires, un serment d'abord [1], plus tard une simple promesse [2].

Lors de la promulgation du Code d'instruction criminelle l'ordre des avocats n'était pas encore définitivement rétabli ; les défenseurs officieux existaient toujours et pouvaient plaider à la faveur de la disposition permettant à l'accusé de prendre pour conseil un parent ou ami, avec l'autorisation du président. Il fut dès lors utile de garder vis-à-vis de la défense une salutaire réserve. On imagina l'avertissement dont nous nous occupons, et qui remplaça, dans le Code nouveau, le serment et la promesse des lois précédentes.

1. Les conseils prêteront serment de n'employer que la vérité dans la défense de l'accusé et de s'exprimer avec décence et modération. (Loi du 17 septembre 1791.)

2. Les conseils de l'accusé promettent ensuite de n'employer que la vérité dans leur défense. (Code du 3 brumaire an IV.)

Mais, à coup sûr, la résurrection du barreau en 1810 devait avoir pour conséquence la suppression de cette dernière mesure.

« Qu'elle eût, dit M. Nouguier, quelque utilité à ces époques de troubles où, la justice n'ayant pas pour auxiliaire l'ordre des avocats, les conseils étaient choisis dans tous les rangs et dans toutes les classes, je le conçois, surtout si je viens à me rappeler les scandales de toute nature auxquels a donné lieu ce droit des laissez-faire et laissez-passer. Mais à quoi bon depuis que l'ordre des avocats s'est reconstitué? A quoi bon, lorsque indépendamment des hautes garanties offertes par leur discipline intérieure et par la place élevée qu'ils occupent dans l'estime publique, les avocats renouvellent chaque année, par l'intermédiaire de leurs anciens, leur serment professionnel? »

En demandant la suppression de l'avertissement édicté par l'article 311 du Code d'instruction criminelle, nous ne pouvons craindre qu'une objection : les avocats n'ont pas le monopole de la plaidoirie d'assises, les avoués peuvent aussi défendre les accusés, et de plus ceux-ci ont encore la faculté de choisir pour conseil, avec l'autorisation du président, un parent ou ami.

Pour ce qui est des avoués, ils sont membres de la famille judiciaire et plaident sous la garantie d'un serment. Cela suffit pour les assimiler aux avocats.

Quant aux autres personnes, si le cas se présentait, les présidents n'accepteraient, dans l'intérêt même de la défense, que des conseils capables, et pouvant dès lors se rendre compte des règles de l'honnêteté et de la bonne tenue.

D'ailleurs, comme M. Nouguier le fait encore remarquer[1], et comme nous l'avons dit nous-même plus haut, la Cour conserverait toujours, en vertu des articles 16 et 43 de l'ordonnance de 1822, le pouvoir d'arrêter toute incartade et de punir toute faute d'audience.

Il sera curieux, en achevant cette étude, de

---

1. L'avertissement prescrit par cet article n'existerait pas que le conseil n'en serait pas moins tenu de s'exprimer avec décence et modération, de ne rien dire contre sa conscience ou le respect des lois.

(Nouguier. *Cour d'assises*, note sur le n° 1525.)

jeter un coup d'œil sur l'état des législations étrangères en ce qui concerne notre matière. L'Italie, l'Angleterre, l'Allemagne, l'Autriche [1] n'ont rien dans leurs Codes criminels d'analogue à la prescription que nous combattons. Pourquoi donc, alors que notre barreau français tient une si grande place dans le monde comme talent et comme honorabilité, ne pas lui donner ce dernier témoignage de considération ?

1. Le Code d'instruction criminelle austro-hongrois contient seulement les articles suivants :

Art. 235. — Le Président doit veiller à ce qu'il ne soit proféré d'injures contre personne, et qu'il ne soit porté d'accusation évidemment sans fondement ou sans relation avec l'affaire......

Art. 236. — Si le défenseur ou le représentant de l'accusateur privé ou de la partie civile se rend coupable d'une contravention de cette nature ou manque au respect qu'il doit au tribunal, il peut être frappé par le tribunal d'une réprimande ou d'une amende qui peut s'élever jusqu'à cent florins.

S'il persiste dans sa conduite inconvenante, le Président peut lui retirer la parole et inviter la partie à choisir un autre représentant, et, s'il y a lieu, désigner d'office un défenseur.

II

RENOUVELLEMENT DU SERMENT DES AVOCATS
A L'AUDIÉNCE DE RENTRÉE DES COURS.

> *Ce serment, qui n'est autre que celui qui se renouvelle tous les ans à la Saint-Martin, est d'un ancien usage ; il fut introduit du temps de Justinien : on le réitérait à chaque entrée de cause, avec déclaration qu'on n'entendait nullement favoriser la fraude ni la calomnie ; on le prêta ensuite de trois mois à autres, puis chaque année ; et on le continue ainsi plutôt par habitude qu'autrement.*
>
> (MERLIN, *Répert.*, vᵒ *Avocat* IV.)

La question que nous venons de traiter a naturellement conduit notre pensée à l'audience de rentrée des Cours, où nous trouvons une formalité aussi inutile et blessante que la précédente et dont nous avons même parlé : le serment renouvelé tous les ans par les membres présents du Conseil de l'ordre des avocats pour leur compte personnel et, il faut bien le penser, par procuration pour leurs confrères.

Que les avocats prêtent à l'entrée de leur

carrière un serment professionnel , personne
n'en contestera la nécessité. La société sent,
avec raison, le besoin de garantir ses intérêts
par des liens moraux plus intimes et plus effi-
caces que la loi : ce n'est pas assez d'imposer
des devoirs à ceux qui exercent une charge
publique, il faut engager leur conscience même
dans l'exécution de leur mandat.

Mais ce qu'on ne saurait expliquer, c'est
qu'un serment une fois prêté soit renouvelé,
et surtout par une fraction seulement d'une
même catégorie d'assermentés.

A quoi bon en effet répéter un serment?
Cette obligation ferait supposer que le citoyen à qui elle est imposée pourrait oublier
ou serait tenté d'oublier sa première promesse.
Et pour l'avocat la suspicion est grave, car
son serment semble posséder une telle vertu
qu'il lui crée un titre indélébile, et que si
même un membre du barreau change de rési-
dence ou quitte momentanément la robe, il
pourra la reprendre, ou se fixer ailleurs, en se
faisant simplement inscrire à nouveau sur le
tableau de l'ordre. Au point de vue général,

le renouvellement d'un serment, d'un serment d'avocat surtout, ne se comprend donc pas.

Au cas particulier, l'inutilité de cette formalité ressort bien mieux encore de la circonstance que les avocats présents à l'audience de rentrée des Cours y sont seuls astreints. L'usage est même d'interpréter assez étroitement cette disposition de la loi pour l'appliquer seulement aux membres des Conseils de l'ordre.

Voyons, est-ce sérieux? Pourquoi cette obligation imposée à quelques avocats, et encore pour le cas où ils seront présents? S'ils ne viennent pas, on passera outre et tout sera dit! Quant aux barreaux des villes où il n'existe pas de Cours, il ne sera pas même question d'eux!

Quel étrange serment que celui dont on paraît si médiocrement se soucier, et dont on peut se dispenser si facilement! Involontairement nous faisons cette réflexion : ou ce serment est utile, et alors qu'on l'impose, et qu'on l'impose à chaque membre du barreau; ou il est inutile, et qu'on le supprime.

Car, remarquons-le, son caractère d'utilité disparaissant, il ne reste plus qu'une tendance blessante éminemment regrettable : la recommandation de ne pas oublier notre serment. Il n'y a pas d'autre interprétation possible.

Cette recommandation est assurément bien faite pour froisser notre dignité.

En remontant à l'origine du serment de rentrée, nous nous l'expliquerons peut-être. C'est le décret du 10 juillet 1810 qui, en reconstituant l'ordre des avocats, a pris dans les anciens règlements judiciaires ce fragment incomplet d'un vieil appareil, dont le mérite était du moins d'être logique et de paraître utile. Le despote qui disait : « Tant que j'aurai l'épée au côté, je veux pouvoir m'en servir pour couper la langue de tout avocat qui parlera mal de mon gouvernement », n'avait pas à favoriser un ordre toujours prêt à lutter pour la liberté menacée ou confisquée.

Napoléon n'a pas même eu pour lui l'excuse de la tradition.

Autrefois, à la vérité, devant le Parlement assemblé en pompe à la suite de la messe rouge, le barreau prêtait tous les ans serment, la main étendue sur l'évangile. Une ordonnance de Philippe le Hardi (1274) parle déjà de cette coutume. Mais elle était imposée à chaque avocat; et le serment n'étant par là même prêté que pour l'année, il devenait utile de le renouveler à chaque rentrée. Il n'y avait là rien de blessant.

On a sans doute eu raison de remplacer ces cérémonies successives par un serment général; du moins ne fallait-il pas conserver les dispositions défectueuses de l'ancienne institution, et lui substituer une règle bâtarde, gardant les inconvénients sans les avantages de la première.

Ces considérations montrent bien, nous en sommes persuadé, le caractère inutile et blessant du serment de rentrée. On ne doit pas hésiter à le supprimer.

Mais la nécessité de cette réforme paraîtra de la dernière évidence, lorsque nous aurons dit qu'en parcourant l'échelle des fonctionnaires, depuis le plus haut dignitaire jusqu'au dernier serviteur de l'État, nous n'en trou-

vons pas un qui, au cours d'une même fonction,
soit tenu de renouveler son serment. Le barreau seul, pourtant tout d'honneur et d'ab-
négation, est astreint à cette triste obligation.

Au commencement du siècle, Merlin écri-
vait déjà dans son *Répertoire :* « Ce serment,
qui n'est autre que celui qui se renouvelle
tous les ans à la Saint-Martin, est d'un ancien
usage ; il fut introduit du temps de Justinien.
On le réitérait à chaque entrée de cause, avec
déclaration qu'on n'entendait nullement favoriser la fraude ni la calomnie ; on le prêta
ensuite de trois mois à autres, puis chaque
année ; et on le continue ainsi plutôt par
habitude qu'autrement. » En un temps où
nous voulons secouer tous les préjugés et où
nous nous piquons de devenir raisonnables et
logiques, ne trouverons-nous pas là une occa-
sion de plus de détruire un vieux rouage et
de sortir de la routine ? Depuis Justinien, de
lents progrès, opérés en trois longues étapes,
ont successivement simplifié le mécanisme du
serment des avocats. Encore un pas et l'institution sera parfaite.

Comme dans le chapitre précédent nous compléterons ces quelques lignes en examinant les dispositions des lois étrangères sur notre sujet, et ici encore nous rencontrons plus de liberté chez nos voisins que chez nous. La Belgique, l'Angleterre, l'Allemagne, l'Italie nous ont ouvert la route; ne restons pas en arrière. Dans ces différents pays le serment professionnel des avocats ne se renouvelle pas.

ÉPILOGUE

En terminant nos observations, nous sommes heureux d'apprendre que dès 1869, trois de nos chers et savants confrères de Nancy, MM. Lallement, Larcher et Volland, signalaient déjà par voie de pétition aux Chambres les deux points de réforme qui font l'objet de cette brochure.

Nous nous sommes empressé de lire leur excellent travail et le rapport qu'en a fait au Sénat M. Le Roy de Saint-Arnaud[1].

La protestation contient, avec une précision de griefs remarquables, un accent de grandeur et d'indignation, qui nous encourage à publier à notre tour cette étude, dont le caractère ne sera dès lors plus, pour ainsi dire,

1. *Journal officiel*, 3 avril 1869. — *Journal de la Meurthe et des 21 Vosges*, avril 1869.

que le renouvellement opportun d'une de-
mande antérieure.

Il faut convenir qu'en 1869 le moment
était peu propice pour la présenter : un souffle
de liberté commençait à s'élever ; un retentis-
sant procès [1], où un grand nom [2] se révélait
avec un éclat qui n'a fait que grandir, venait
d'effrayer le pouvoir aux abois par la part ac-
tive que certains avocats semblaient prendre
à l'opposition : on répondit que ce n'était pas
l'heure d'émanciper et de favoriser le barreau.
Nous retrouvons toujours, on le voit, les
mêmes sentiments au fond des textes que nous
critiquons.

Mais la fin du rapport de M. de Saint-
Arnaud laisse tellement apparaître la nature
compressive de l'avertissement d'assises et du
serment de rentrée, destinés tous deux à dimi-
nuer la liberté de l'avocat et l'ordre lui-même,
que nous devons citer le passage en entier :

« Ne soyons pas si prompts à réformer la
sagesse de nos pères. Les temps changent, les

1. Procès Baudin.
2. M. Gambetta.

institutions se modifient, mais l'homme et ses passions ne changent pas. Il y a dans les luttes oratoires des entraînements dont nos libertés modernes sont loin d'avoir modéré l'essor. Est-il besoin de recourir à des exemples empruntés *à notre temps* pour reconnaître que *le moment serait mal choisi* pour briser ces faibles, mais vénérées barrières qui s'opposent encore à des licences devant lesquelles s'effacent trop souvent et le respect des lois et la décente modération du langage? »

Ainsi, c'est bien un procès de tendance qu'entend nous faire la loi. L'avocat est un suspect; voilà pourquoi l'article 311 l'oblige à recevoir un avertissement, voilà pourquoi l'article 35 du décret de 1810 veut le serment de rentrée, voilà pourquoi on a conservé ces deux textes, en face d'une pétition qui en demandait l'abrogation !

Si le moment fut mal choisi en 1869, comme disait M. de Saint-Arnaud, pour relever la dignité de l'ordre et pour le fortifier, nous sommes persuadé que le Parlement républicain ne fera pas comme le Sénat de l'Empire : la liberté et la justice ne lui font point peur ! Que pour l'une et pour l'autre on se hâte donc de débarrasser notre législation de deux articles qui, absolument inutiles d'ailleurs, réduisent les droits de la défense et compromettent la dignité d'un grand corps.

Nancy, impr. Berger-Levrault et Cⁱᵉ.

LIBRAIRIE BERGER-LEVRAULT ET Cie

5, RUE DES BEAUX-ARTS, PARIS

Maison à Nancy, 11, rue Jean-Lamour.

DU MÊME AUTEUR :

DE

LA RÉFORME JUDICIAIRE

DANS LES JUSTICES DE PAIX

1 volume in-12, broché (1879)

———

DE LA

COPIE DES PIÈCES DU PROCÈS

EN MATIÈRE CRIMINELLE

1 volume in-12, broché (1880)

———

LES

ARMOIRIES DE LA VILLE DE NANCY

———

ORIGINE ET DESCRIPTION

1 volume in-12, broché (1880)

3e ÉDITION

Nancy, imp. Berger-Levrault et Cie.

www.ingramcontent.com/pod-product-compliance
Lightning Source LLC
Chambersburg PA
CBHW060511210326
41520CB00015B/4186